公路工程试验检测技术操作手册

Shuini Hunningtu Shiyan
水泥混凝土试验

江西省交通工程质量监督站

江苏省交通科学研究院股份有限公司

主编

人民交通出版社

图书在版编目(CIP)数据

公路工程试验检测技术操作手册. 水泥混凝土试验 / 江西省交通工程质量监督站，江苏省交通科学研究院股份有限公司主编. — 北京：人民交通出版社，2013.10
ISBN 978-7-114-10869-3

Ⅰ. ①公… Ⅱ. ①江… ②江… Ⅲ. ①道路工程-水泥混凝土路面-路面试验-检测-技术手册 Ⅳ. ①U416.03-62

中国版本图书馆 CIP 数据核字(2013)第 212305 号

公路工程试验检测技术操作手册
书　　名：水泥混凝土试验
著 作 者：江西省交通工程质量监督站
　　　　　江苏省交通科学研究院股份有限公司
责任编辑：韩亚楠　崔　建
出版发行：人民交通出版社
地　　址：(100011)北京市朝阳区安定门外外馆斜街 3 号
网　　址：http://www.ccpress.com.cn
销售电话：(010)59757973
总 经 销：人民交通出版社发行部
经　　销：各地新华书店
印　　刷：北京市密东印刷有限公司
开　　本：880×1230　1/32
印　　张：2.625
字　　数：52 千
版　　次：2013 年 10 月　第 1 版
印　　次：2013 年 10 月　第 1 次印刷
书　　号：ISBN 978-7-114-10869-3
定　　价：245.00 元(含光盘)

(有印刷、装订质量问题的图书由本社负责调换)

编审委员会

主 任 委 员：胡钊芳
副主任委员：栾建平
委　　　员：徐远明　张道英　孙雪伟　吴晓明
　　　　　　梅　薇　刘吉睿　陈李峰　王新武
　　　　　　唐建亚　朱木锋　杨建新　杨　响
　　　　　　李　强　吕　晟　谭显峰　于文金
　　　　　　刘　兵
特 邀 专 家：韩以谦　李玉珍

编写委员会

主　　　编：胡钊芳
副 主 编：栾建平　吴幸华　陈李峰
编 写 人 员：吴晓明　康建仁　张道英　蔡立秀
　　　　　　徐远明　孙雪伟　杨　硕　姚曙光
　　　　　　骆宏兵　张　东　卢　健

序

随着我国公路建设事业的飞速发展,试验检测工作对公路工程质量安全的基础保障作用日益突显,各级交通运输主管部门、质监机构和参建单位对试验检测数据重要性的认识普遍提高。

真实、准确、客观、公正的试验检测数据是控制和评定工程质量、保障工程施工安全和运营安全的重要依据和基本前提,是推进技术进步和加强质量管理的先导,是严把工程质量的重要关口。

真实、准确、客观、公正的试验检测数据来源于正确的操作。对于试验检测规程、规范的学习应用,理解的偏差、操作方法的不同、错误的习惯做法都会对试验检测的准确性和有效性造成很大影响。受传统授课方式的限制,实际操作往往难以按照标准、规程所规定的方法和步骤完整、规范、熟练地进行。因此,亟需一部直观、生动、实用的试验检测操作教材。

为此,在总结提炼公路工程试验检测操作成功经验的基础上,江西省交通工程质量监督站、江苏省交通科学研究院股份有限公司历经两年,精心摄制了《公路工程试验检测技术操作手册》教学片。教学片遵循科学与实用的原则，以国家和部颁技术规范、规程、标准为依据，包含了公路工程原材料、水泥混凝土、无机结合料、沥青混合料、现场检测五大类70余个参数试验检测项目，演示了试验检测操作的全部过程。有助于不同层次的试验检测人员掌握试验操作步骤、要点，对规范试验检测操作具有较强的实用性和指导性。

近年来为提高试验检测人员水平，各级质监机构和检测机构采取了不少措施，结合工程建设特点组织了技能竞赛、技术比武、实验室比对等活动。应该说，试验检测人员水平总体是不断提高的。但是，客观地讲，试验检测人员水平与我国公路建设不断加快发展的需要还不相适应。《公路工程试验检测技术操作手册》及教学片的出版发行为当前在全国范围内开展试验检测人员继续教育提供了良好教材。希望，所有试验检测人员要增强对试验检测事业的责任心和使命感，认真学习操作，掌握技巧，破解难点，以良好的职业道德和过硬的业务素质，推动试验检测行业持续健康发展。

交通运输部工程质量监督局副局长

2013 年 8 月

前　言

为了认真贯彻落实交通运输部《高速公路施工标准化活动实施方案》，推广高速公路建设典型示范经验，推进江西省高速公路建设管理标准化活动，进一步提升试验检测工作水平，促进试验检测操作标准化，江西省交通运输厅、江西省交通工程质量监督站、江苏省交通科学研究院股份有限公司联合编写了《公路工程试验检测技术操作手册》，并专门录制了学习光盘，分为六个分册。

本学习光盘摄制规模之大，在国内尚属首次。课题组选取了公路工程主要试验检测项目进行学习视频的摄制，手册主要包括原材料、水泥混凝土、无机结合料、沥青混合料、现场检测五大类共70个参数的试验检测项目。学习光盘的摄制工作分了七个工作小组，参加人员超过50人，并聘请了多名资深试验检测专家担任摄制工作的顾问，完成了2个样片的摄制和制作工作，组织专家召开了2次摄制台本和试验视频的评审会，为保证教学片摄制质量奠定了良好基础。

手册与学习光盘配套使用，具有"图文并茂，专业性强，通俗易懂"的优质效果。以路基、路面、桥涵等工程中的原材料试验、混合料配合比设计试验，施工抽检试验，交工验收检测等为主线,以现行试验规程和设计、施工技术规范及其他相关技术标准、资料为主要内容,涵盖了公路工程试验检测的各个方面。手册所引用的试验方法、技术标准都出自最新版本,所有试验方法均有注意事项栏。本手册可为试验检测行业不同层次水平的从业人员实现有效的可视化学习,不受时间、空间的限制,提高效率,可有效指导施工、提升工程质量,也可有效宣传江西省试验检测管理标准化活动的实践成果,为实现江西省交通运输厅提出的让"标准成为习惯、习惯符合标准、结果达到标准"的目标发挥重要作用。

  本手册和学习光盘可供建设单位、监理单位和施工单位试验检测人员、管理人员使用,对于未涵盖的内容,应依据有关法律、法规和相关标准、规程执行。本手册在编写过程中得到了各级领导和专家的指导,在此一并表示感谢。由于编制时间仓促,疏漏之处在所难免,各有关单位和从业人员在使用本教材时,如发现问题或欲提出改进意见,请函告江西省交通工程质量监督站。

  地 址:南昌市沿江北路18号,邮编:330008。

编 者
2013年8月

目 录

1 总则 ·· 1
2 水泥混凝土试验 ································· 2
  2.1 混凝土拌和物稠度试验方法
     （坍落度仪法）（参照 T0522—2005 执行）········ 2
  2.2 混凝土配合比设计
     （参照 JGJ55—2011 执行）················· 6
  2.3 水泥混凝土拌和物稠度
     （维勃仪法）（参照 T0523—2005 执行）········ 19
  2.4 水泥混凝土拌和物的拌和方法
     （参照 T0521—2005 执行）················· 22
  2.5 水泥混凝土拌和物凝结时间试验方法
     （参照 T0527—2005 执行）················· 25
  2.6 水泥混凝土表观密度试验方法
     （参照 T0525—2005 执行）················· 32
  2.7 水泥混凝土抗渗性试验方法
     （参照 T0568—2005 执行）················· 35
  2.8 水泥混凝土抗弯拉强度试验方法
     （参照 T0558—2005 执行）················· 39
  2.9 水泥混凝土抗压强度试验方法
     （参照 T0553—2005 执行）················· 42

2.10 水泥混凝土试件制作方法
（参照 T0551—2005 执行）…………………… 46
2.11 水泥混凝土圆柱体轴心抗压强度试验方法
（参照 T0554—2005 执行）…………………… 53
2.12 回弹法检测混凝土抗压强度试验
（参照 JGJ/T23—2011 执行）………………… 58

1 总则

1.0.1 为适应交通运输发展和公路建设的需要，提高试验检测工作质量和从业人员技术水平，保证工程安全可靠、经济合理，制定本手册。

1.0.2 本手册和学习光盘适用于公路工程水泥混凝土试验各参数的性能试验。其中，为方便读者阅读，图、表、公式序号排法与相关规范序号保持一致。

1.0.3 本手册和学习光盘发布时，所引用规程、规范及其他相关技术标准和资料均为有效。当所引用版本更新时，本手册和学习光盘将同步更新发行。

2　水泥混凝土试验

2.1　混凝土拌和物稠度试验方法(坍落度仪法)(参照 T0522—2005 执行)

2.1.1　目的与适用范围

(1)本方法规定了采用坍落度仪测定水泥混凝土拌和物稠度的方法和步骤。

(2)本方法适用于坍落度大于10mm,集料公称最大粒径不大于31.5mm 的水泥混凝土的坍落度的测定。

2.1.2　主要检测设备

(1)坍落度筒:坍落度筒为铁板制成的截头圆锥筒,厚度不小于1.5mm,内侧平滑,没有铆钉头之类的凸出物,在筒上方约2/3高度处有两个把手,近下端两侧焊有两个踏脚板,保证坍落度筒可以稳定操作,坍落度筒尺寸如图T0522-1 所示。

(2)捣棒:直径16mm,长约600mm 并具有半球形端头的钢制圆棒。

（3）小铲、小钢尺、镘刀和钢平板等。

2.1.3 试验准备

（1）试样准备

拌和物倾出在铁板上，再经人工翻拌 1~2min，务必使拌和物均匀一致。

（2）仪器准备

拌制混凝土所用的各种用具，如铁板、铁铲、抹刀应预先用水润湿。

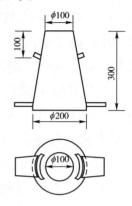

图 T0522-1 坍落度试验用坍落筒（单位：mm）

2.1.4 试验步骤

（1）试验前将坍落度筒内外洗干净，放在经水润试过的平板上（平板吸水时应垫以塑料布），踏紧踏脚板。

（2）将代表样分 3 层装入筒内，每层装入高度稍大于筒高的 1/3，用捣棒在每一层横截面上均匀插捣 25 次。插捣在全部面积上进行，沿螺旋线由边缘至中心，插捣底层时插至底部，插捣其他两层时，应插透本层并插入下层 20~30mm、插捣须垂直压下（边缘部分除外），不得冲击。在插捣顶层时，装入的混凝土应高出坍落度筒口，随插捣过程随时添加拌和物。当顶层插捣完毕后，将捣棒用锯和滚的动作，清除掉多余的混凝土，用镘刀抹平筒口,刮净筒底周围的拌和物。而后立即垂直提起坍落度筒。

(3)将坍落度筒放在锥体混凝土试样一旁,筒顶平放木尺,用小钢尺量出木尺底面至试样顶面最高点的垂直距离,即为该混凝土的坍落度,精确至1mm。

(4)当混凝土试件的一侧发生崩坍或一边剪切破坏,则应重新取样另测。如果第二次仍发生上述情况,则表示该混凝土和易性不好,应记录。

(5)当混凝土拌和物的坍落度大于220mm时,用钢尺测量混凝土扩展后最终的最大直径和最小直径,在这两个直径之差小于50mm的条件下,用其算术平均值作为坍落扩展度值;否则,此次试验无效。

(6)坍落度试验的同时,可用目测方法评定混凝土拌和物的下列性质,并予记录:

①棍度。按插捣混凝土拌和物时难易程度评定。分"上"、"中"、"下"三级。

a."上":表示插捣容易;

b."中":表示插捣时稍有石子阻滞的感觉;

c."下":表示很难插捣。

②含砂情况。按拌和物外观含砂多少而评定,分"多"、"中"、"少"三级。

a."多":表示用镘刀抹拌和物表面时,一至两次即可使拌和物表面平整无蜂窝;

b."中":表示抹五六次才可使表面平整无蜂窝;

c."少":表示抹面困难,不易抹平,有空隙及石子外露等现象。

③黏聚性。观测拌和物各组分相互黏聚情况。评定方法是用捣棒在已坍落的混凝土锥体侧面轻打,若锥体在轻打后逐渐下沉,表示黏聚性良好;若锥体突然倒坍、部分崩裂或发生石子离析现象,即表示黏聚性不好。

④保水性。指水分从拌和物中析出情况,分"多量"、"少量"、"无"三级评定。

a."多量":表示提起坍落筒后,有较多水分从底部析出;

b."少量":表示提起坍落筒后,有少量水分从底部析出;

c."无":表示提起坍落筒后,没有水分从底部析出。

2.1.5 试验结果计算

混凝土拌和物坍落度和坍落扩展度值以毫米(mm)为单位,测量精确至1mm,结果修至最接近的5mm。

2.1.6 试验记录

混凝土表观密度试验记录示例见表T0522-1。

2.1.7 试验规程及评定依据

《公路工程水泥及水泥混凝土试验规程》(JTG E30—2005)。

混凝土坍落度试验记录表　　　表 T0522-1

工程名称：_____　合同号：_____　编号：_____

次数	坍落度(mm)		扩展度(mm)	评定			
	初坍落度	坍损		棍度	含砂情况	保水情况	黏聚性
1	124	—	—	上	中	少量	良好
2	126	—	—				
平均	125						
备注				—			

复核/旁站：　　　　　　记录：　　　　　　试验：

2.1.8　注意事项

（1）试验前必须检查所用的仪器设备，确保设备功能正常。

（2）提筒在 5~10s 内完成，并使混凝土不受横向及扭力作用。从开始装料到提出坍落度筒整个过程应在 150s 内完成。

2.2　混凝土配合比设计（参照 JGJ55—2011 执行）

2.2.1　目的与适用范围

本方法规定了普通水泥混凝土设计的方法和步骤。

2.2.2　主要检测设备

（1）压力机或万能试验机。

（2）混凝土搅拌机。

(3)磅秤:量程为100kg,感量为50g。

2.2.3 试验准备

(1)试样准备

①拌和前材料应放置在温度20℃±5℃的室内。

②试样从抽取至试验完毕过程中,不要风吹日晒。

③粗集料、细集料均以干燥状态为基准,计算用水量时应扣除粗集料、细集料的含水率。

(2)仪器准备

①拌制混凝土所用的各种用具,如铁板、铁铲、抹刀,应预先用水润湿。

②使用搅拌机前,应先用少量砂浆进行涮膛,再刮出涮膛砂浆。

③进行抗压强度试验时,先开启压力机,使压力机预热一段时间。

2.2.4 混凝土配制强度的确定

(1)混凝土配制强度应按下列规定确定。

①当混凝土的设计强度等级小于C60时,配制强度应按式(JGJ55-1)计算。

$$f_{cu,0} \geq f_{cu,k} + 1.645\sigma \qquad (JGJ55-1)$$

式中:$f_{cu,0}$——混凝土配制强度,MPa;

$f_{cu,k}$——混凝土立方体抗压强度标准值,这里取设计混凝土强度等级值,MPa;

σ——混凝土强度标准差,MPa。

②当设计强度等级大于或等于 C60 时,配制强度应按式(JGJ55-2)计算。

$$f_{cu,0} \geq 1.15 f_{cu,0} \quad （JGJ55\text{-}2）$$

(2)混凝土强度标准差应按照下列规定确定。

①当具有近 1~3 个月的同一品种、同一强度等级混凝土的强度资料时,其混凝土强度标准差 σ 应按式(JGJ55-3)计算。

$$\sigma = \sqrt{\frac{\sum_{i=1}^{n} f_{cu,i}^2 - n m_{f_{cu}}^2}{n-1}} \quad （JGJ55\text{-}3）$$

式中:σ——混凝土强度标准差;

$f_{cu,i}$——第 i 组的试件强度,MPa;

$m_{f_{cu}}$——n 组试件的强度平均值,MPa;

n——试件组数,n 值应大于或者等于 30。

对于强度等级不大于 C30 的混凝土:当 σ 计算值不小于 3.0MPa 时,应按式(JGJ55-3)计算结果取值;当 σ 计算值小于 3.0MPa 时,σ 应取 3.0MPa。对于强度等级大于 C30 且小于 C60 的混凝土:当 σ 计算值不小于 4.0MPa 时,应按式(JGJ55-3)计算结果取值;当 σ 计算值小于 4.0MPa 时,σ 应取 4.0MPa。

②当没有近期的同一品种、同一强度等级混凝土强度资料时,其强度标准差 σ 可按表 JGJ55-1 取值。

标准差 σ 值(MPa) 表 JGJ55-1

混凝土强度标准值	≤C20	C25~C45	C50~C55
σ	4.0	5.0	6.0

2.2.5 混凝土配合比计算

（1）水胶比

①混凝土强度等级不大于 C60 等级时，混凝土水胶比宜按式（JGJ55-4）计算。

$$W/B = \frac{\alpha_a f_b}{f_{cu,o} + \alpha_a \alpha_b f_b} \quad (\text{JGJ55-4})$$

式中：W/B——混凝土水胶比；

α_a、α_b——回归系数，取值应符合《普通混凝土配合比设计规程》（JGJ55—2011）中5.1.2条的规定；

f_b——胶凝材料（水泥与矿物掺和料按使用比例混合）28d 胶砂强度（MPa），试验方法应按现行国家标准《水泥胶砂强度检验方法（ISO 法）》（GB/T17671—1999）执行；当无实测值时，可按《普通混凝土配合比设计规程》（JGJ55—2011）中 5.1.3 条的确定。

②回归系数 α_a 和 α_b 宜按下列规定确定：

a. 根据工程所使用的原材料，通过试验建立的水胶比与混凝土强度关系式来确定；

b. 当不具备上述试验统计资料时，可按表 JGJ55-2 采用。

回归系数 α_a、α_b 选用表　　　表 JGJ55-2

系数	粗集料品种	
	碎石	卵石
α_a	0.53	0.49
α_b	0.20	0.13

③当胶凝材料 28d 胶砂抗压强度值(f_b)无实测值时,可按式(JGJ55-5)计算。

$$f_b = \gamma_f \gamma_s f_{ce} \quad (\text{JGJ55-5})$$

式中:γ_f、γ_s——粉煤灰影响系数和粒化高炉矿渣粉影响系数,可按表 JGJ55-3 选用;

f_{ce}——水泥 28d 胶砂抗压强度,MPa,可实测,也可按《普通混凝土配合比设计规程》(JGJ55—2011)中 5.1.4 条选用。

粉煤灰影响系数(γ_f)和粒化高炉矿渣粉影响系数(γ_s) 表 JGJ55-3

种类 掺量	粉煤灰影响系数 γ_f	粒化高炉矿渣粉影响系数 γ_s
0	1.00	1.00
10	0.90~0.95	1.00
20	0.80~0.85	0.95~1.00
30	0.70~0.75	0.90~1.00
40	0.60~0.65	0.80~0.90
50	—	0.70~0.85

注:①采用Ⅰ级、Ⅱ级粉煤灰宜取上限值。

②采用 S75 级粒化高炉矿渣粉宜取下限值,采用 S95 级粒化高炉矿渣粉宜取上限值,采用 S105 级粒化高炉矿渣粉可取上限值加 0.05。

③当超出表中的掺量时,粉煤灰和粒化高炉矿渣粉影响系数应经试验确定。

④当水泥 28d 胶砂抗压强度(f_{ce})无实测值时,可按式(JGJ55-6)计算。

$$f_{ce} = \gamma_c f_{ce,g} \quad (\text{JGJ55-6})$$

式中:γ_c——水泥强度等级值的富余系数,可按实际统计资料确定;当缺乏实际统计资料时,也可按表 JGJ55-4 选用;

$f_{ce,g}$——水泥强度等级值,MPa。

水泥强度等级值的富余系数(γ_c)　　　表JGJ55-4

水泥强度等级值	32.5	42.5	52.5
富余系数	1.12	1.16	1.10

（2）用水量和外加剂用量

①每立方米干硬性或塑性混凝土的用水量(m_{w0})应符合下列规定：

a.混凝土水胶比在0.40~0.80时，可按表JGJ55-5和表JGJ55-6选取；

干硬性混凝土的用水量（kg/m³）　　　表JGJ55-5

拌和物稠度		卵石最大公称粒径（mm）			碎石最大粒径（mm）		
项目	指标	10.0	20.0	40.0	16.0	20.0	40.0
维勃稠度（s）	16~20	175	160	145	180	170	155
	11~15	180	165	150	185	175	160
	5~10	185	170	155	190	180	165

塑性混凝土的用水量（kg/m³）　　　表JGJ55-6

拌和物稠度		卵石最大粒径（mm）				碎石最大粒径（mm）			
项目	指标	10.0	20.0	31.5	40.0	16.0	20.0	31.5	40.0
坍落度（mm）	10~30	190	170	160	150	200	185	175	165
	35~50	200	180	170	160	210	195	185	175
坍落度（mm）	55~70	210	190	180	170	220	105	195	185
	75~90	215	195	185	175	230	215	205	195

注：①本表用水量系采用中砂时的取值。采用细砂时，每立方米混凝土用水量可增加5~10kg；采用粗砂时，可减少5~10kg。

②掺用矿物掺和料和外加剂时，用水量应相应调整。

b. 混凝土水胶比小于 0.40 时,可通过试验确定。

②掺外加剂时,每立方米流动性或大流动性混凝土的用水量(m_{w0})可按式(JGJ 55-7)计算。

$$m_{w0} = m'_{w0}(1-\beta) \quad (JGJ55\text{-}7)$$

式中:m_{w0}——满足实际坍落度要求的每立方米混凝土用水量,kg/m³;

m'_{w0}——未掺外加剂时推定的满足实际坍落度要求的每立方米混凝土用水量,kg/m³,以《普通混凝土配合比设计规程》(JGJ 55—2011)表 5.2.1-2 中 90mm 坍落度的用水量为基础,按每增大 20mm 坍落度相应增加 5kg/m³ 用水量来计算,当坍落度增大到 180mm 以上时,随坍落度相应增加的用水量可减少;

β——外加剂的减水率,%,应经混凝土试验确定。

③每立方米混凝土中外加剂用量(m_{a0})应按式(JGJ55-8)计算。

$$m_{a0} = m_{b0}\beta_a \quad (JGJ55\text{-}8)$$

式中:m_{a0}——每立方米混凝土中外加剂用量,kg/m³;

m_{b0}——计算配合比每立方米混凝土中胶凝材料的用量,kg/m³;计算应符合本规程第 5、3)、(1)条的规定;

β_a——外加剂掺量,%,应经混凝土试验确定。

(3)胶凝材料、矿物掺和料和水泥用量

①每立方米混凝土的胶凝材料用量(m_{b0})应按式

(JGJ55-9)计算。

$$m_{b0} = \frac{m_{w0}}{W/B} \quad (\text{JGJ55-9})$$

式中：m_{b0}——计算配合比每立方米混凝土中胶凝材料用量，kg/m^3；

m_{w0}——计算配合比每立方米混凝土的用水量，kg/m^3；

W/B——混凝土水胶比。

②每立方米混凝土的矿物掺和料用量（m_{f0}）应按式（JGJ 55-10）计算。

$$m_{f0} = m_{b0}\beta_f \quad (\text{JGJ55-10})$$

式中：m_{f0}——计算配合比每立方米混凝土中矿物掺和料用量，kg/m^3；

β_f——矿物掺和料掺量，%，可结合《普通混凝土配合比设计规程》（JGJ55—2011）第3.0.5条和第5.1.1条的规定确定。

③每立方米混凝土的水泥用量（m_{c0}）应按式（JGJ55-11）计算。

$$m_{c0} = m_{b0} - m_{f0} \quad (\text{JGJ55-11})$$

式中：m_{c0}——计算配合比每立方米混凝土中水泥用量，kg/m^3。

(4)砂率

①砂率（β_s）应根据集料的技术指标、混凝土拌和物性能和施工要求，参考既有历史资料确定，见表JGJ55-7。

②当缺乏砂率的历史资料时，混凝土砂率的确定应符合下列规定：

混凝土的砂率(%)　　　　　表 JGJ55-7

水胶比 (W/B)	卵石最大公称粒径(mm)			碎石最大粒径(mm)		
	10.0	20.0	40.0	16.0	20.0	40.0
0.40	26~32	25~31	24~30	30~35	29~34	27~32
0.50	30~35	29~34	28~33	33~38	32~37	30~35
0.60	33~38	32~37	31~36	36~41	35~40	33~38
0.70	36~41	35~40	34~39	39~44	38~43	36~41

注：①本表数值系中砂的选用砂率，对细砂或粗砂，可相应地减少或增大砂率。
②采用人工砂配制混凝土时，砂率可适当增大。
③只用一个单粒级粗集料配制混凝土时，砂率应适当增大。

a. 坍落度小于 10mm 的混凝土，其砂率应经试验确定。

b. 坍落度为 10~60mm 的混凝土砂率，可根据粗集料品种、最大公称粒径及水灰比按表 JGJ55-7 选取。

c. 坍落度大于 60mm 的混凝土砂率，可经试验确定，也可在《普通混凝土配合比设计规程》(JGJ55—2011)表5.4.2 的基础上，按坍落度每增大 20mm、砂率增大 1% 的幅度予以调整。

(5) 粗、细集料用量

①采用质量法计算粗、细集料用量时，应按式(JGJ55-12)、式(JGJ55-13)计算。

$$m_{f_0} + m_{c_0} + m_{g_0} + m_{s_0} + m_{w_0} = m_{cp}$$

(JGJ55-12)

$$\beta_s = \frac{m_{s_0}}{m_{g_0} + m_{s_0}} \times 100 \quad \text{(JGJ55-13)}$$

式中：m_{g_0}——每立方米混凝土的粗集料用量，kg/m^3；

m_{s_0}——每立方米混凝土的细集料用量，kg/m^3；

m_{w_0}——每立方米混凝土的用水量，kg/m^3；

β_s——砂率，%；

m_{cp}——每立方米混凝土拌和物的假定质量，kg/m^3，可取 2 350~2 450kg/m^3。

② 当采用体积法计算混凝土配比时，砂率应按式（JGJ55-13）计算，粗、细集料用量应按式（JGJ55-14）计算。

$$\frac{m_{c_0}}{\rho_c} + \frac{m_{f_0}}{\rho_f} + \frac{m_{g_0}}{\rho_g} + \frac{m_{s_0}}{\rho_s} + \frac{m_{w_0}}{\rho_w} + 0.01\alpha = 1$$

$$\text{(JGJ55-14)}$$

式中：ρ_c——水泥密度，kg/m^3，应按《水泥密度测定方法》（GB/T 208—1994）测定，也可取 2 900~3 100 kg/m^3；

ρ_f——矿物掺和料密度，kg/m^3，可按《水泥密度测定方法》（GB/T 208—1994）测定；

ρ_g——粗集料的表观密度，kg/m^3，应按现行行业标准《普通混凝土用砂、石质量及检验方法标准》（JGJ52—2006）测定；

ρ_s——细集料的表观密度（kg/m^3），应按现行行业标准《普通混凝土用砂、石质量及检验方法标准》（JGJ52—2006）测定；

ρ_w——水的密度，kg/m^3，可取 1 000kg/m^3；

α——混凝土的含气量百分数,在不使用引气型外加剂时,α 可取为 1。

2.2.6 混凝土配合比的试配、调整与确定

（1）试配

①混凝土试配应采用强制式搅拌机,搅拌机应符合现行行业标准《混凝土试验用搅拌机》(JG244—2009)的规定,搅拌方法宜与施工采用的方法相同。

②试验室成型条件应符合现行国家标准《普通混凝土拌和物性能试验方法标准》(GB/T50080)的规定。

③每盘混凝土试配的最小搅拌量应符合表 JGJ 55-8 的规定,并不应小于搅拌机公称容量的 1/4 且不应大于搅拌机公称容量。

混凝土试配的最小搅拌量　　表 JGJ55-8

粗集料最大公称粒径(mm)	最小搅拌的拌和物量(L)
≤31.5	20
40.0	25

④在计算配合比的基础上进行试拌。计算水胶比宜保持不变,并应通过调整配合比其他参数使混凝土拌和机能符合设计和施工要求,然后修正计算配合比,提出试拌配合比。

⑤应在试拌配合比的基础上,进行混凝土强度试验,并应符合下列规定：

a. 应至少采用三个不同的配合比。当采用三个不同的配合比时,其中一个应为本规程第 6(1)④条确定的试拌配合比,另外两个配合比的水胶比宜较试拌配合比分别增加

和减少0.05,用水量应与试拌配合比相同,砂率可分别增加和减少1%。

b.进行混凝土强度试验时,应继续保持拌和物性能符合设计和施工要求。

c.进行混凝土强度试验时,每个配合比至少应制作一组试件,标准养护到28d或设计规定龄期时试压。

(2)配合比的调整与确定

①配合比调整应符合下述规定:

a.根据本规程6(1)⑤条混凝土强度试验结果,宜绘制强度和胶水比的线性关系图或插值法确定略大于配制强度的强度对应的胶水比。

b.在试拌配合比的基础上,用水量(m_w)和外加剂用量(m_a)应根据确定的水胶比作调整。

c.胶凝材料用量(m_b)应以用水量乘以确定的胶水比计算得出。

d.粗集料和细集料用量(m_g和m_s)应根据用水量和胶凝材料用量进行调整。

②混凝土拌和物表观密度和配合比校正系数的计算应符合下列规定:

a.配合比调整后的混凝土拌和物的表观密度应按式(JGJ55-15)计算。

$$\rho_{c,c} = m_c + m_f + m_g + m_s + m_w \quad (JGJ55\text{-}15)$$

b.混凝土配合比校正系数按式(JGJ55-16)计算。

$$\delta = \frac{\rho_{c,t}}{\rho_{c,c}} \quad (JGJ55\text{-}16)$$

式中：δ——混凝土配合比校正系数；

$\rho_{c,t}$——混凝土拌和物表观密度实测值，kg/m³；

$\rho_{c,c}$——混凝土拌和物表观密度计算值，kg/m³。

c. 当混凝土拌和物表观密度实测值与计算值之差的绝对值不超过计算值的2%时，按本规程第6(2)①条调整的配合比可维持不变；当二者之差超过2%时，应将配合比中每项材料用量均乘以校正系数 δ。

③生产单位可根据常用材料设计出常用的混凝土配合比备用，并应在使用过程中予以验证或调整。遇有下列情况之一时，应重新进行配合比设计：

a. 对混凝土性能有特殊要求时。

b. 水泥外加剂或矿物掺和料品种质量有显著变化时。

2.2.7 数据处理

(1) 抗压强度试验。三个测值中的最大值或最小值中如有一个与中间值之差超过中间值的15%，则取中间值为测定值；如最大值和最小值与中间值之差均超过中间值的15%，则该组试验结果无效。

(2) 坍落度试验。混凝土拌和物坍落度和坍落扩展度值以毫米(mm)为单位，测量精确至1mm，结果修约至最接近的5mm。

2.2.8 试验报告

根据试验检测数据，进行试验报告整理。

2.2.9 试验规程及评定依据

《普通混凝土配合比设计规程》(JGJ55—2011)

2.2.10 注意事项

试验前必须检查所用的仪器设备,确保设备功能正常。

2.3 水泥混凝土拌和物稠度(维勃仪法)(参照 T0523—2005 执行)

2.3.1 目的与适用范围

(1)本方法规定用维勃稠度仪来测定水泥混凝土拌和物稠度的方法和步骤。

(2)本方法适用于集料公称最大粒径不大于 31.5mm 的水泥混凝土及维勃时间在 5~30s 的干稠性水泥混凝土的稠度测定。

2.3.2 主要检测设备

(1)稠度仪(维勃仪):符合《维勃稠度仪》(JG/T 250—2009)的规定,稠度仪如图 JGJ55-1 所示。

(2)捣棒、镘刀等。

(3)秒表:分度值为 0.5s。

2.3.3 试验准备

(1)试样准备

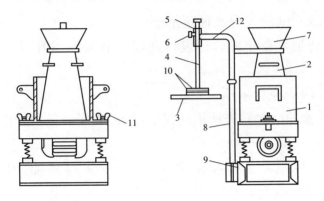

图 JGJ55-1 稠度仪(单位:s)

1-容器;2-坍落度筒;3-圆盘;4-滑竿;5-套筒;6-螺钉;7-漏斗;8-支柱;9-定位螺丝;10-荷重块;11-元宝螺母;12-旋转架

拌和物倾出在铁板上,再经人工翻拌 1~2min,务必使拌和物均匀一致。

(2)仪器准备

拌制混凝土所用的各种用具,如铁板、铁铲、抹刀,应预先用水润湿。

2.3.4 试验步骤

(1)将容器 1 用螺母固定在振动台上,放入润湿的坍落筒 2,把漏斗 7 转到坍落筒上口,拧紧螺丝 9,使漏斗对准坍落筒口上方。

(2)按坍落度试验步骤,分三层经漏斗装入拌和物,用捣棒每层捣 25 次,捣毕第三层混凝土后,拧松螺丝 6,把漏斗转回到原先的位置,并将筒模顶上的混凝土刮平,然后轻轻提起筒模。

(3)拧紧螺丝9,使圆盘可定向地向下滑动,仔细转圆盘到混凝土上方,并轻轻与混凝土接触。检查圆盘是否可以顺利滑向容器。

(4)开动振动台并按动秒表,通过透明圆盘观察混凝土的振实情况,当圆盘底面刚为水泥浆布满时,迅即按停秒表和关闭振动台,记下秒表所记时间,精确至1s。

(5)仪器每测试一次后,必须将容器、筒模及透明圆盘洗净擦干,并在滑棒等处涂薄层黄油,以备下次使用。

2.3.5 试验结果计算

秒表所表示时间即为混凝土拌和物稠度的维勃时间,精确到1s。以两次试验结果的平均值作为混凝土拌和物稠度的维勃时间。

2.3.6 试验记录

稠度试验记录示例见表JGJ55-9。

水泥混凝土拌和物稠度试验记录表　　　表 JGJ55-9

维勃仪法	次　　数	1	2	平　均　值
	维勃时间(s)	12	14	13

2.3.7 试验规程及评定依据

《公路工程水泥及水泥混凝土试验规程》(JTG E30—2005)。

2.3.8 注意事项

试验前必须检查所用的仪器设备,确保设备功能正常。

2.4 水泥混凝土拌和物的拌和方法(参照 T0521—2005 执行)

2.4.1 目的与适用范围

(1)本方法规定了在常温环境中室内水泥混凝土拌和物的拌和方法。

(2)轻质水泥混凝土、防水水泥混凝土、碾压水泥混凝土等其他特种水泥混凝土的拌和与现场取样方法,可以参照本方法进行,但因其特殊性所引起的对试验设备及方法的特殊要求,均应遵照对这些水泥混凝土的有关技术规定进行。

2.4.2 主要检测设备

(1)搅拌机:自由式或强制式。
(2)振动台:标准振动台。
(3)磅秤:感量满足称量总量1%的磅秤,如图 T0521-1 所示。
(4)天平:感量满足称量总量0.5%的天平。
(5)其他:铁板、铁铲等。

图 T0521-1 磅秤(单位:kg)

2.4.3 试验准备

(1)试样准备

①所有材料均应符合有关要求。拌和前材料应放置在温度20℃±5℃的室内。

②为防止粗集料的离析,可将集料按不同粒径分开,使用时再按一定比例混合。试样从抽取至试验完毕过程中,不要风吹日晒。必要时应采取保护措施。

(2)仪器准备

拌制混凝土所用的各种用具,如铁板、铁铲,应预先用水润湿。

2.4.4 拌和步骤

(1)拌和时保持室温20℃±5℃。

(2)拌和物的总量至少应比所需量高20%以上。拌制混凝土的材料用量应以质量计,称量的精确度:集料为±1%,水、水泥、掺和料和外加剂为±0.5%。

(3)粗集料、细集料均以干燥状态为基准,计算用水量时应扣除粗集料、细集料的含水率。

(4)外加剂的加入:

①对于不溶于水或难溶于水且不含潮解型盐类,应先和一部分水泥拌和,以保证充分分散。对于不溶于水或难溶于水但含潮解型盐类,应先和细集料拌和。对于水溶性或液体,应先和水拌和。

②其他特殊外加剂,应遵守有关规定。

(5) 拌制混凝土所用各种用具,如铁板、铁铲、抹刀,应预先用水润湿,使用完后必须清洗干净。

(6) 使用搅拌机前,应先用少量砂浆进行涮膛,再刮出涮膛砂浆,以避免正式拌和混凝土时水泥砂浆黏附筒壁的损失。涮膛砂浆的水灰比及砂灰比,应与正式的混凝土配合比相同。

(7) 用搅拌机拌和时,拌和量宜为搅拌机公称容量1/4~3/4。

(8) 采用搅拌机搅拌时,按规定称好原材料,往搅拌机内顺序加入粗集料、细集料、水泥。开动搅拌机,将材料拌和均匀,在拌和过程中徐徐加水,全部加料时间不宜超过2min。水全部加入后,继续拌和约2min,而后将拌和物倾出在铁板上,再经人工翻拌1~2min,务必使拌和物均匀一致。

(9) 采用人工拌和时,先用湿布将铁板、铁铲润湿,再将称好的砂和水泥在铁板上拌匀,加入粗集料,再混合搅拌均匀。而后将此拌和物堆成长堆,中心扒成长槽,将称好的水倒入约一半,将其与拌和物仔细拌匀,再将材料堆成长堆,扒成长槽,倒入剩余的水,继续进行拌和,来回翻拌至少6遍。

(10) 从试样制备完毕到开始做各项性能试验不宜超过5min(不包括成型试件)。

2.4.5　试验规程及评定依据

《公路工程水泥及水泥混凝土试验规程》(JTG E30—2005)。

2 水泥混凝土试验

2.4.6 注意事项

（1）试验前必须检查所用的仪器设备，确保设备功能正常。

（2）干燥状态是指含水率小于0.2%的细集料和含水率小于0.2%的粗集料。

2.5 水泥混凝土拌和物凝结时间试验方法（参照 T0527—2005 执行）

2.5.1 目的与适用范围

（1）本方法规定了测定水泥混凝土拌和物凝结时间的方法，以控制现场施工流程。

（2）本方法适用于各通用水泥和常见外加剂以及不同水泥混凝土配合比、坍落度值不为零的水泥混凝土拌和物的凝结时间测定。

2.5.2 主要检测设备

（1）贯入阻力仪：最大测量值不小于1 000N，刻度盘分度值为10N。

（2）测针：长约100mm，平面针头圆面积为100mm^2、50mm^2和20mm^2三种，在距离贯入端25mm处刻有标记。

（3）试模：上口径为160mm，下口径为150mm，净高150mm的刚性容器，并配有盖子。

(4)捣棒：直径 16mm，长 650mm，符合（JG/T248—2009）的规定。

(5)孔径 4.75mm，符合 GB/T6005—2008《试验筛 金属丝编织网、穿孔板和电成型薄板筛孔的基本尺寸》规定的金属方孔筛。

(6)其他：铁制拌和板、吸液管和玻璃片。

2.5.3 试验准备

(1)试样准备

①取混凝土拌和物代表样，用 4.75mm 筛尽快地筛出砂浆，再经人工翻拌后，装入一个试模。每批混凝土拌和物取一个试样，共取三个试样，分装三个试模。

②对于坍落度不大于 70mm 的混凝土宜用振动台振实砂浆，振动应持续到表面出浆为止且应避免过振；对于坍落度大于 70mm 的宜用捣棒人工捣实，沿螺旋方向由外向中心均匀插捣 25 次，然后用橡皮锤轻击试模侧面以排除在捣实过程中留下的空洞。进一步整平砂浆的表面，使其低于试模上沿约 10mm，砂浆试样筒应立即加盖。

③试件静置于温度 20℃ ±2℃ 或尽可能与现场相同的环境中，并在以后的试验中，环境温度始终保持 20℃ ±2℃。在整个测试过程中，除在吸取泌水或贯入试验外，试筒应始终加盖。

④约 1h 后，将试件一侧稍微垫高约 20mm，使其倾斜

静置约2min,用吸管吸去泌水。以后每到测试前约2min,同上步骤用吸管吸去泌水(低温或缓凝的混凝土拌和物试样,静置与吸水间隔时间可适当延长)。若在贯入测试前还有泌水,也应吸干。

(2)仪器准备

拌制混凝土所用的各种用具,如铁板、铁铲、抹刀,应预先用水润湿。

2.5.4 试验步骤

(1)将试件放在贯入阻力仪底座上,记录刻度盘上显示的砂浆和容器总质量。

(2)根据试样的贯入阻力大小,选择适宜的测针。一般当砂浆表面测孔边出现微裂缝时,应立即改换较小截面积的测针,如表T0527-1所示。

测针选用参考　　　　　表T0527-1

单位面积贯入阻力(MPa)	0.2~3.5	3.5~20.0	20.0~28.0
平头测针圆面积(mm^2)	100	50	20

(3)先使测针端面刚刚接触砂浆表面,然后转动手轮,使测针在10s±2s内垂直且均匀地插入试样内,深度为25mm±2mm,记下刻度盘显示的增量,精确至10N。并记下从开始加水拌和起所经过的时间(精确至1min)及环境温度(精确至0.5℃)。测定时,测针应距试模边缘至少25mm,测针贯入砂浆各点间净距至少为所用测针直径的两

倍且不小于15mm。三个试模每次各测1~2点,取其算术平均值为该时间的贯入阻力值。

(4)每个试样做贯入阻力试验应在0.2~28MPa,且不小于6次,最后一次的单位面积贯入阻力应不低于28MPa。从加水拌和时算起,常温下普通混凝土3h后开始测定,以后每次间隔为0.5h;早强混凝土或在气温较高的情况下,则宜在2h后开始测定,以后每隔0.5h测一次;缓凝混凝土或在低温情况下,可在5h后开始测定,每隔2h测一次。在临近初凝、终凝时可增加测定次数。

2.5.5 试验结果计算

(1)计算公式

单位面积贯入阻力 f_{PR} 按式(T0527-1)计算。

$$f_{PR} = \frac{P}{A} \quad\quad (T0527\text{-}1)$$

式中:f_{PR}——单位面积贯入阻力,MPa;

P——测针贯入深度为25mm时的贯入压力,N;

A——贯入测针截面面积,mm^2。

试验结果计算精确到0.1MPa。

以单位面积贯入阻力为纵坐标,测试时间为横坐标,绘制单位面积贯入阻力与测试时间关系曲线。经3.5MPa及28MPa画两条平行于横坐标的直线,则直线与曲线相交点的横坐标即为初凝及终凝时间。时间—贯入阻力关系如图T0527-1所示。

(2)精确度与允许误差

凝结时间取3个试样的平均值。3个测值中的最大值或最小值,如果有一个与中间值之差超过中间值的10%,则以中间值为试验结果;如果最大值和最小值与中间值之差均超过中间值的10%时,则此试验无效。

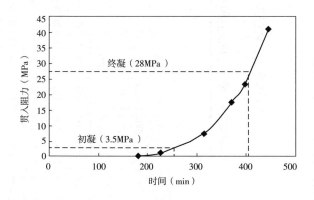

图 T 0527-1　时间—贯入阻力曲线

凝结时间用 min 表示,并精确至 5min。

2.5.6　试验记录

混凝土拌和物凝结时间记录示例见表 T0527-2。

2.5.7　试验规程及评定依据

《公路工程水泥及水泥混凝土试验规程》(JTG E30—2005)。

水泥混凝土凝结时间试验记录表

表 T0527-2

编号：ZY06-017-2010(7)
序号：1
任务单号：060711021
试验环境：温度 20.5℃，相对湿度 63%
试验规程：GB8076—2008
样品名称：基准混凝土
使用设备名称及编号：HG-1000S 贯入阻力仪(3110794)

加水时间	试 样 1 9:40					试 样 2 10:10					试 样 3 10:40				
测试时间	环境温度(℃)	测针圆面积 A (mm²)	贯入压力 P (N)	贯入阻力 f_{PR} (MPa)	测试时间 t (min)	环境温度(℃)	测针圆面积 A (mm²)	贯入压力 P (N)	贯入阻力 f_{PR} (MPa)	测试时间 t (min)	环境温度(℃)	测针圆面积 A (mm²)	贯入压力 P (N)	贯入阻力 f_{PR} (MPa)	测试时间 t (min)
15:00	20.5	100	210	2.1	320										
15:20	20.5	100	280	2.8	340										
15:30	20.5	100	380	3.8	350	20.5	100	180	1.8	320					
16:00	20.5	50	300	6.0	380	20.5	100	280	2.8	350					
16:20	20.5	50	430	8.6	400	20.5	100	380	3.8	370	20.5	100	200	2.0	330
16:40	20.5	50	580	11.6	420	20.5	50	370	7.4	410	20.5	100	250	2.5	340
17:00						20.5	50	460	9.2	430	20.5	100	380	3.8	360
17:20						20.5	50	580	11.6	440	20.5	50	370	7.4	410
17:40											20.5	50	460	9.2	420
18:00											20.5	50	580	11.6	440

续上表

试样编号	加水时间	测试时间	时间 t (min)	环境温度 (℃)	测针圆面积 A (mm²)	贯入压力 P (N)	贯入阻力 f_{PR} (MPa)
	试样 1　9:40	17:10	450	20.5	20	320	16.0
		17:30	470	20.5	20	440	22.0
		17:50	490	20.5	20	600	30.0
	试样 2　10:10	18:00	470	20.5	20	320	16.0
		18:30	500	20.5	20	440	22.0
		18:50	520	20.5	20	580	29.0
	试样 3　10:40	18:20	460	20.5	20	320	16.0
		18:40	480	20.5	20	440	22.0
		19:20	520	20.5	20	640	32.0

初凝时间 (h:min)

试样编号	凝结时间	测值
1	5:48	
2	6:01	5:55
3	5:59	

终凝时间 (h:min)

试样编号	凝结时间	测值
1	8:07	
2	8:39	8:25
3	8:25	

凝结时间差 (min)	—	—

备注：

试验：　　　　　　复核：　　　　　　日期：

2.5.8 注意事项

试验前必须检查所用的仪器设备,确保设备功能正常。

2.6 水泥混凝土表观密度试验方法(参照 T0525—2005 执行)

2.6.1 目的与适用范围

(1)本方法规定了水泥混凝土拌和物表观密度测定的试验步骤。

(2)本方法适用于测定水泥混凝土拌和物捣实后的密度,以备修正、核实水泥混凝土配合比计算中的材料用量。当已知所用原材料密度时,还可以算出拌和物近似含气量。

2.6.2 主要检测设备

(1)试样筒:试样筒为刚性金属圆筒,两侧装有把手,筒壁坚固且不漏水。对于集料公称最大粒径不大于31.5mm 的拌和物采用 5L 的试样筒,其内径与内高均为 186mm±2mm,壁厚为 3mm。对于集料公称最大粒径大于31.5mm 的拌和物所采用试样筒,其内径与内高均应大于集料公称最大粒径的 4 倍,如图 T0525-1 所示。

(2)捣棒、振动台、金属直尺、镘刀、玻璃板等。

(3)磅秤:量程感量为 100kg,感量为 50g,如图 T0525-2 所示。

图 T0525-1 试样筒(单位:L)

图 T0525-2 磅秤(单位:kg)

2.6.3 试验准备

(1)试样准备

拌和物倾出在铁板上,再经人工翻拌 1~2min,务必使拌和物均匀一致。

(2)仪器准备

拌制混凝土所用的各种用具,如铁板、铁铲、抹刀,应预先用水润湿。

2.6.4 试验步骤

(1)试验前用湿布将试样筒内外擦拭干净,称出质量(m_1),精确至 50g。

(2)当坍落度不小于 70mm 时,宜用人工捣固:对于 5L 试样筒,可将混凝土拌和物分两层装入。

(3)当坍落度小于 70mm 时,宜用振动台振实,应将试样筒在振动台上夹紧,一次将拌和物装满。

(4)用金属直尺齐筒口刮去多余的混凝土,用馒刀抹平表面,并用玻璃板检验,而后擦净试样筒。

2.6.5 试验结果计算

(1)计算公式

按式(T0525-1)计算拌和物表观密度 ρ_h。

$$\rho_h = \frac{m_2 - m_1}{V} \times 1\,000 \qquad (T0525-1)$$

式中:ρ_h——拌和物表观密度,kg/m³;

m_1——试样筒质量,kg;

m_2——捣实或振实后混凝土和试样筒总质量,kg;

V——试样筒容积,L。

(2)精确度与允许误差

以两次试验结果的算术平均值作为测定值,精确到10kg/m³,试样不得重复使用。

2.6.6 试验记录

混凝土表观密度试验记录示例见表T0525-1。

混凝土密度试验记录表 表 T0525-1

工程名称:_____ 合同号:_____ 编号:_____

试 验 次 数	1	2
容量筒质量(kg)	1.10	1.10
容量筒+混凝土质量(kg)	13.15	13.10
混凝土质量(kg)	12.05	12.00
容量筒体积(L)	5.00	5.00
混凝土拌和物表观密度(kg/L)	2.41	2.40
混凝土拌和物表观密度(kg/L)	2.40	
混凝土拌和物平均表观密度(kg/m³)	2 400	

复核/旁站:　　　　　　　记录:　　　　　　　试验:

2 水泥混凝土试验

2.6.7 试验规程及评定依据

《公路工程水泥及水泥混凝土试验规程》(JTG E30—2005)。

2.6.8 注意事项

试验前必须检查所用的仪器设备,确保设备功能正常。

2.7 水泥混凝土抗渗性试验方法(参照 T0568—2005 执行)

2.7.1 目的与适用范围

(1)本方法规定了水泥混凝土抗渗性试验的方法和步骤。

(2)本方法适用于检测水泥混凝土硬化后的防水性能以及测定其抗渗等级。

2.7.2 主要检测设备

(1)水泥混凝土渗透仪:应能使水压按规定方法稳定地作用在试件上,如图 T0568-1 所示。

(2)成型试模:上口直径 175mm,下口直径 185mm,高 150mm 的锥台或上下直径与高度均为 150mm 的圆柱体。

图 T0568-1　水泥混凝土渗透仪

（3）螺旋加压器、供箱、电炉、浅盘、铁锅、钢丝刷等。

（4）密封材料：如石蜡，内掺松香约2%。

2.7.3 试验准备

（1）试样准备

①试块养护期不少于28d，不超过90d。

②试件成型后24h拆模，用钢丝刷刷净两端面水泥浆膜，标准养护龄期为28d。

（2）仪器准备

开启水泥混凝土渗透仪，检测仪器工作是否正常。

2.7.4 试验步骤

（1）试件到龄期后取出，擦干表面，用钢丝刷刷净两端面，待表面干燥后，在试件侧面滚涂一层熔化的密封材料，然后立即在螺旋加压器上压入经过烘箱或电炉预热过的试模中，使试件底面和试模底平齐，待试模变冷后，即可解除压力，装在渗透仪上进行试验。如在试验过程中，水从试件周边渗出，说明密封不好，要重新密封。

（2）试验时，水压从0.1MPa开始，每隔8h增加水压0.1MPa，并随时注意观察试件端面情况，一直加至6个试件中有3个试件表面发现渗水，记下此时的水压力，即可停止试验。

2.7.5 试验结果计算

混凝土的抗渗等级以每组6个试件中4个未发现有渗水现象时的最大水压力表示。抗渗等级按式(T0568-1)计算。

$$S = 10H - 1 \qquad (T0568\text{-}1)$$

式中：S——混凝土抗渗等级；

H——第三个试件顶面开始有渗水时的水压力，MPa。

2.7.6 试验记录

抗渗性试验记录示例见表 T 0568-1。

2.7.7 试验规程及评定依据

(1)《公路工程水泥及水泥混凝土试验规程》(JTG E30—2005)。

(2)《公路桥涵施工技术规范》(JTG/T F50—2011)。

2.7.8 注意事项

(1)试验前必须检查所用的仪器设备，确保设备功能正常。

(2)当加压至设计抗渗等级，经8h后第三个试件仍不渗水，表明混凝土已满足设计要求，也可停止试验。

(3)混凝土抗渗等级分级为 S2、S4、S6、S8、S10、S12，若压力加至1.2MPa，经过8h，第三个试件仍未渗水，则停止试验，试件的抗渗等级以 S12 表示。

水泥混凝土抗渗性试验原始记录表

表 T0568-1

工程名称：		合同号：		编号：					
施工路段				环境条件			温度 ℃	湿度 %	
试验规程及方法	T 0568—2005			试验设备及编号			混凝土渗透仪（3110856）		
样品描述	表面无蜂窝麻面			试验日期			2011年5月5日—2011年5月8日		
试验数据信息									
设计抗渗强度等级	S6	水灰比	—	砂率（%）	—		—		
水泥用量（kg）	—	混凝土强度等级（MPa）	—	养护方法	温度		20.5℃		
					湿度		99%		
水泥品种	—	成型日期	—	外加剂	—		—		
混凝土抗渗性试验									
加压时间	水压 H (MPa)	试件透水情况记录							
		1	2	3	4	5	6		
9:00	0.1	不渗透	不渗透	不渗透	不渗透	不渗透	不渗透		
17:00	0.2	不渗透	不渗透	不渗透	不渗透	不渗透	不渗透		
1:00	0.3	不渗透	不渗透	不渗透	不渗透	不渗透	不渗透		
9:00	0.4	不渗透	不渗透	不渗透	不渗透	不渗透	不渗透		
17:00	0.5	不渗透	不渗透	不渗透	不渗透	不渗透	不渗透		
1:00	0.6	不渗透	不渗透	不渗透	不渗透	不渗透	不渗透		
9:00	0.7	不渗透	不渗透	不渗透	不渗透	不渗透	不渗透		

备注：

复核/旁站： 记录： 试验：

2.8 水泥混凝土抗弯拉强度试验方法(参照 T0558—2005 执行)

2.8.1 目的与适用范围

(1)本方法规定了测定水泥混凝土抗弯拉极限强度的方法,以提供设计参数,检查水泥混凝土施工品质和确定抗弯拉弹性模量试验加荷标准。

(2)本方法适用于各类水泥混凝土棱柱体试件。

2.8.2 主要检测设备

(1)压力机或万能试验机:应符合 T0558—2005 中 2.3 的规定。

(2)抗弯拉试验装置(即三分点处双点加荷和三点自由支承式混凝土抗弯拉强度与抗弯拉弹性模量试验装置),如图 T0558-1 所示。

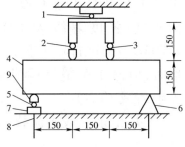

图 T0558-1 抗弯拉试验装置(尺寸单位:mm)
1、2-一个钢球;3、5-两个钢球;4-试件;6-固定支座;7-活动支座;8-机台;9-活动船形垫块

2.8.3 试验准备

(1)试件尺寸应符合 T0551—2005 中表 T0551-1 的规定,同时在试件长向中部 1/3 区段内表面不得有直径超过 5mm、深度超过 2mm 的孔洞。

(2)混凝土抗弯拉强度试件应同龄期者为一组,每组为 3 个同条件制作和养护的混凝土试块。

2.8.4 试验步骤

(1)试件取出后,用湿毛巾覆盖并及时进行试验,保持试件干湿状态不变。在试件中部量出其宽度和高度,精确至 1mm。

(2)调整两个可移动支座,将试件安放在支座上,试件成型时的侧面朝上,几何对中后,务必使支座及承压面与活动船形垫块的接触面平稳、均匀,否则应垫平。

(3)加荷时,应保持均匀、连续。强度等级小于 C30 的混凝土取 0.02~0.05MPa/s 的加荷速度;强度等级大于等于 C30 且小于 C60 时,则取 0.05~0.08MPa/s 的加荷速度;强度等级大于等于 C60 的混凝土取 0.08~0.10MPa/s 的加荷速度。当试件接近破坏而开始迅速变形时,应停止调整试验机油门,直至试件破坏,记下破坏极限荷载 $F(N)$。

(4)记录下最大荷载和试件下边缘断裂的位置。

2.8.5 试验结果计算

(1)计算公式

当断面发生在两个加荷点之间时,抗弯拉强度按式(T0558-1)计算。

$$f_f = \frac{FL}{bh^2} \qquad (T0558\text{-}1)$$

式中：f_f——抗弯拉强度，MPa；

F——极限荷载，N；

L——支座间距离，mm；

b——试件宽度，mm；

h——试件高度，mm。

以3个试件测值的算术平均值为测定值，计算精确至0.01MPa。

(2)精确度与允许误差

3个试件中最大值或最小值中如有一个与中间值之差超过中间值的15%，则把最大值和最小值舍去，以中间值作为试件的抗弯拉强度；如最大值和最小值与中间值之差值均超过中间值15%，则该组试验结果无效。

3个试件中如有一个断裂面位于加荷点外侧，则混凝土抗弯拉强度按另外两个试件的试验结果计算。如果这两个测值的差值不大于这两个测值中较小值的15%，则以两个测值的平均值为测试结果，否则结果无效。

如果有两根试件均出现断裂面位于加荷点外侧，则该组结果无效。

2.8.6 试验记录

水泥混凝土抗弯拉强度试验记录示例见表T0558-1。

2.8.7 试验规程及评定依据

(1)《公路工程水泥及水泥混凝土试验规程》(JTG

E30—2005)。

水泥混凝土弯拉强度试验记录表　　　　表 T0558-1

设计强度（MPa）　M5.0　　　　成型方式　机械拌和加人工插捣
养护方式　标准养护　　　　　　成型日期　2009.3.20
龄期（d）　28

试样编号	试件编号	试件宽度 B（mm）	试件高度 H（mm）	抗弯拉支座上两钢棒轴心间距 L（mm）	破坏极限荷载 p（kN）	抗弯拉强度测值 R（MPa）	抗弯拉强度测定值 R_Z（MPa）	备注
020209077	1	150	150	450	38.33	5.11	5.19	
	2	150	150	450	38.51	5.13		
	3	150	150	450	40.05	5.34		

(2)《公路水泥混凝土路面施工技术规范》(JTG F30—2003)。

2.8.8 注意事项

(1)试验前必须检查所用的仪器设备,确保设备功能正常。

(2)断面位置在试件断块短边一侧的底面中轴线上量得。

2.9 水泥混凝土抗压强度试验方法(参照 T0553—2005 执行)

2.9.1 目的与适用范围

(1)本方法规定了测定水泥混凝土抗压极限强度的方

法和步骤。

（2）本方法可用于确定水泥混凝土的强度等级,作为评定水泥混凝土品质的主要指标。本方法适于各类水泥混凝土立方体试件的极限抗压强度试验。

2.9.2 主要检测设备

（1）压力机或万能试验机:应符合 T0553—2005 中表 T0553-1 的规定,如图 T0553-1 所示。

（2）球座:应符合 T0553 的 2.4 规定。

（3）混凝土强度等级不小于 C60 时,试验机上、下压板之间应各垫一钢垫板,平面尺寸应不小于试件的承压面,其厚

图 T 0553-1 压力机(单位:kN)

度至少为 25mm。钢垫板应机械加工,其平面度允许偏差 ±0.04mm;表面硬度大于等于 55HRC;硬化层厚度约 5mm。试件周围应设置防崩裂网罩。

2.9.3 试验准备

混凝土抗压强度试件应同龄期者为一组,每组为 3 个同条件制作和养护的混凝土试块。

2.9.4 试验步骤

（1）至试验龄期时,自养护室取出试件,应尽快试验,

避免其湿度变化。

（2）取出试件，检查其尺寸及形状，相对两面应平行。量出棱边长度，精确至1mm。试件受力截面积按其与压力机上下接触面的平均值计算。在破型前，保持试件原有湿度，在试验时擦干试件。

（3）以成型时侧面为上下受压面，试件中心应与压力机几何对中。

（4）强度等级小于C30的混凝土取0.3~0.5MPa/s的加荷速度；强度等级大于等于C30小于C60时，则取0.5~0.8MPa/s的加荷速度；强度等级大于等于C60的混凝土取0.8~1.0MPa/s的加荷速度。当试件接近破坏而开始迅速变形时，应停止调整试验机油门，直至试件破坏，记下破坏极限荷载 $F(\text{N})$。

2.9.5 试验结果计算

（1）计算公式

混凝土立方体试件抗压强度按式(T0553-1)计算

$$f_{cu} = \frac{F}{A} \qquad (\text{T0553-1})$$

式中：f_{cu}——混凝土立方体抗压强度，MPa；

F——极限荷载，N；

A——受压面积，mm^2。

以3个试件测值的算术平均值为测定值，计算精确至0.1MPa。

(2)精确度与允许误差

三个测值中的最大值或最小值中如有一个与中间值之差超过中间值的15%,则取中间值为测定值;如最大值和最小值与中间值之差均超过中间值的15%,则该组试验结果无效。

2.9.6 试验记录

水泥混凝土抗压强度记录示例见表T0553-1。

水泥混凝土抗压强度试验原始记录表　　表T0553-1

工程名称:_____ 合同号:_____ 编号:_____

设计强度等级　　C25　　　　养护方式　　标养　　
试件尺寸(mm)　　150×150×150　　成型日期　　2011.3.28　　

龄期 (d)	试件编号	承压面积 A (mm^2)	破坏荷载 F_l (kN)	破坏荷载 F (N)	尺寸换算系数	抗压强度测值 f_{cu} (MPa)	抗压强度测定值 f_{cu}' (MPa)	备注
28	1	225 000	722.81	722 810	1.00	32.1	32.3	/
	2	225 000	728.21	728 210	1.00	32.4		
	3	225 000	726.02	726 020	1.00	32.3		

复核/旁站:　　　　　记录:　　　　　试验:

2.9.7 试验规程及评定依据

(1)《公路工程水泥及水泥混凝土试验规程》(JTG E30—2005)。

(2)《公路桥涵施工技术规范》(JTG/T F50—2011)。

2.9.8 注意事项

试验前必须检查所用的仪器设备,确保设备功能正常。

2.10 水泥混凝土试件制作方法(参照 T0551—2005 执行)

2.10.1 目的与适用范围

(1)本方法规定了在常温环境中室内试验时水泥混凝土试件制作方法。

(2)轻质水泥混凝土、防水水泥混凝土、碾压混凝土等其他特种水泥混凝土的制作与硬化水泥混凝土现场取样方法,可以参照本方法进行,但因其特殊性所引起的对验设备及方法的特殊要求,均应遵照对这些水泥混凝土试件制作和取样的有关技术规定进行。

2.10.2 主要检测设备

(1)搅拌机:自由式或强制式。

(2)振动台:标准振动台。

(3)试模:常见的几种试件尺寸(试件内部尺寸)规定见表 T0551-1。

(4)捣棒:直径 16mm,长约 600mm 并具有半球形端头的钢制圆棒。

(5)橡皮锤:应带有质量约 250g 的橡皮锤头。

试 件 尺 寸　　　　　　　　表 T0551-1

试 件 名 称	标准尺寸(mm)	非标准尺寸(mm)
立方体抗压强度试件	150×150×150(31.5)	100×100×100(26.5) 200×200×200(53)
圆柱抗压强度试件	ϕ150×300(31.5)	ϕ100×200(26.5) ϕ200×400(53)
芯样抗压强度试件	ϕ150×l_m(31.5)	ϕ100×l_m(26.5)
立方体劈裂抗拉强度试件	150×150×150(31.5)	100×100×100(26.5)
圆柱劈裂抗拉强度试件	ϕ150×300(31.5)	ϕ100×200(26.5) ϕ200×400(53)
芯样劈裂强度试件	ϕ150×l_m(31.5)	ϕ100×l_m(26.5)
轴心抗压强度试件	150×150×300(31.5)	200×200×400(53) 100×100×300(26.5)
抗压弹性模量试件	150×150×300(31.5)	200×200×400(53) 100×100×300(26.5)
圆柱抗压弹性模量试件	ϕ150×300(31.5)	ϕ100×200(26.5) ϕ200×400(53)
抗弯拉强度试件	150×150×600(31.5) 150×150×550(31.5)	100×100×400(26.5)
抗弯拉弹性模量试件	150×150×600(31.5) 150×150×550(31.5)	100×100×400(26.5)
水泥混凝土干缩试件	100×100×515(19)	150×150×515(31.5) 200×200×515(50)
抗渗试件	上口直径175mm,下口直径185mm,高150mm的锥台	上下直径与高度均为150mm的圆柱体

2.10.3 试验准备

（1）试样准备

①所有材料均应符合有关要求。拌和前材料应放置在温度20℃±5℃的室内。

②为防止粗集料的离析，可将集料按不同粒径分开，使用时再按一定比例混合。试样从抽取至试验完毕过程中，不要风吹日晒。必要时应采取保护措施。

（2）仪器准备

拌制混凝土所用的各种用具，如铁板、铁铲，应预先用水润湿。

2.10.4 试件制作步骤

（1）非圆柱体试件成型

①成型前试模内壁涂一薄层矿物油。

②取拌和物的总量至少应比所需量高20%以上，并取出少量混凝土拌和物代表样，在5min内进行坍落度或维勃试验。认为品质合格后，应在15min内开始制件或作其他试验。

③对于坍落度小于25mm时，可采用ϕ5mm的插入式振捣棒成型。将混凝土拌和物一次装入试模，装料时应用抹刀沿各试模壁插捣，并使混凝土拌和物高出试模口；振捣时振捣棒距底板10~20mm，且不要接触底板。振捣直到表面出浆为止，且应避免过振，以防止混凝土离析，一般振捣时间为20s。振捣棒拔出时要缓慢，拔出后不得

留有孔洞。用刮刀刮去多余的混凝土,在临近初凝时,用抹刀抹平。试件抹面与试模边缘高低差不得超过0.5mm。

④当坍落度大于25mm且小于70mm时,用标准振动台成型。将试模放在振动台上夹牢,防止试模自由跳动,将拌和物一次装满试模并稍有富余,开动振动台至混凝土表面出现乳状水泥浆时为止。振动过程中随时添加混凝土使试模常满,记录振动时间(约为维勃秒数的2~3倍,一般不超过90s)。振动结束后,用金属直尺沿试模边缘刮去多余混凝土,用镘刀将表面初次抹平,待试件收浆后,再次用镘刀将试件仔细抹平,试件抹面与试模边缘的高低差不得超过0.5mm。

⑤当坍落度大于70mm时,用人工成型。拌和物分厚度大致相等的两层装入试模。捣固时按螺旋方向从边缘到中心均匀地进行。插捣底层混凝土时,捣棒应到达模底;插捣上层时,捣棒应贯穿上层后插入下层20~30mm处。插捣时应用力将捣棒压下,保持捣棒垂直,不得冲击,捣完一层后,用橡皮锤轻轻击打试模外端面10~15下。以填平插捣过程中留下的孔洞。每层插捣次数100cm^3截面积内不得少于12次。试件抹面与试模边缘高低差不得超过0.5mm。

(2)圆柱体试件制作

①成型前试模内壁涂一薄层矿物油。

②取拌和物的总量至少应比所需量高20%以上,并取

出少量混凝土拌和物代表样,在 5min 内进行坍落度或维勃试验,认为品质合格后,应在 15min 内开始制件或作其他试验。

③对于坍落度小于 25mm 时,可采用 φ5mm 的插入式振捣棒成型。拌和物分厚度大致相等的两层装入试模。以试模的纵轴为对称轴,呈对称方式填料。插入密度以每层分三次插入。振捣底层时,振捣棒距底板 10~20mm 且不要接触底板;振捣上层时,振捣拌插入该层底面下 15mm 深。振捣直到表面出浆为止,且应避免过振,以防止混凝土离析。一般时间为 20s。捣完一层后,如有棒坑留下,可用橡皮锤敲击试模侧面 10~15 下。振捣棒拔出时要缓慢。用刮刀刮去多余的混凝土,在临近初凝时,用抹刀抹平,使表面略低于试模边缘 1~2mm。

④当坍落度大于 25mm 且小于 70mm 时,用标准振动台成型。将试模放在振动台上夹牢,防止试模自由跳动,将拌和物一次装满试摸并稍有富余,开动振动台至混凝土表面出现乳状水泥浆时为止。振动过程中随时添加混凝土使试模常满,记录振动时间(为维勃秒数的 2~3 倍,一般不超过 90s)。振动结束后,用金属尺沿试模边缘刮去多余混凝土,用镘刀将表面初次抹平,待试件收浆后,再次用镘刀将试件仔细抹平,使表面略低于试模边缘 1~2mm。

⑤当坍落度大于 70mm 时,用人工成型。对于试件直径为 200mm 时,拌和物分厚度大致相等的三层装入试

模。以试模的纵轴为对称轴,呈对称方式填料。每层插捣25下,捣固时按螺旋方向从边缘到中心均匀地进行。插捣底层时,捣棒应到达模底,插捣上层时,捣棒插入该层底面下 20~30mm 处。插捣时应用力将捣棒压下,不得冲击,捣完一层后,如有棒坑留下,可用橡皮锤敲击试模侧面 10~15 下。用镘刀将试件仔细抹平,使表面略低于试模边缘 1~2mm。而对于试件直径为 100mm 或 150mm 时,分两层装料,各层厚度大致相等。试件直径为 150mm 时,每层插捣 15 下;试件直径为 100mm 时,每层插捣 8 下。捣固时按螺旋方向从边缘到中心均匀地进行。插捣底层时,捣棒应到达模底,插捣上层时,捣棒插入该层底面下 15mm 深。用镘刀将试件仔细抹平,使表面略低于试模边缘 1~2mm。当所确定的插捣次数使混凝土拌和物产生离析现象时,可酌情减少插捣次数至拌和物不产生离析的程度。

⑥对试件端面应进行整平处理,但加盖层的厚度应尽量薄。拆模前当混凝土具有一定强度后,用水洗去上表面的浮浆,并用干抹布吸去表面水之后,抹上干硬性水泥净浆,用压板均匀地盖在试模顶部。加盖层应与试件的纵轴垂直。为防止压板和水泥浆之间的黏结,应在压板下垫一层薄纸。对于硬化试件的端面处理,可采用硬石膏或硬石膏和水泥的混合物,加水后平铺在端面,并用压板进行整平。在材料硬化之前,应用湿布覆盖试件。对不采用端部整平处理的试件,可采用切割的方法达到

端面和纵轴垂直。

(3)养护

①试件成型后,用湿布覆盖表面(或其他保持湿度办法),在室温20℃±5℃,相对湿度大于50%的环境下,静放一个到两个昼夜,然后拆模并作第一次外观检查、编号,对有缺陷的试件应除去或加工补平。

②将完好试件放入标准养护室进行养护,标准养护室温度20℃±2℃,相对湿度在95%以上,试件宜放在铁架或木架上,间距至少10~20mm,试件表面应保持一层水膜,并避免用水直接冲淋。当无标准养护室时,将试件放人温度20℃±2℃的不流动的$Ca(OH)_2$饱和溶液中养护。

③标准养护龄期为28d(以搅拌加水开始)。非标准的龄期为1d、3d、7d、60d、90d、180d。

2.10.5 试验规程及评定依据

《公路工程水泥及水泥混凝土试验规程》(JTG E30—2005)。

2.10.6 注意事项

(1)试验前必须检查所用的仪器设备,确保设备功能正常。

(2)干燥状态是指含水率小于0.5%的细集料和含水率小于0.2%的粗集料。

2.11 水泥混凝土圆柱体轴心抗压强度试验方法(参照 T0554—2005 执行)

2.11.1 目的与适用范围

(1)本方法规定了测定圆柱体水泥混凝土极限抗压强度的方法。

(2)本方法适用于各类水泥混凝土的圆柱体试件及现场芯样的极限抗压强度试验。

2.11.2 主要检测设备

(1)压力机或万能试验机,如图 T0554-1 所示。

(2)球座:应符合 T0554—2005 的 2.4 规定。

(3)混凝土强度等级大于等于 C60 时,试验机上、下压板之间应各垫一钢垫板,平面尺寸应不小于试件的承压面,其厚度至少为 25mm。钢垫板应机械加工,其平面度允许偏差 ±0.04mm;表面硬度大于等于 55HRC;硬化层厚度约 5mm。试件周围应设置防崩裂网罩。

图 T0554-1　压力机(单位:kN)

(4)游标卡尺:量程 300mm,分度值 0.02mm。

2.11.3 试验准备

(1)对于现场芯样,长径比大于等于1。适宜的长径比为1.9~2.1,最大长径比不能超过2.1。芯样最小直径为100mm,直径至少是公称最大粒径的2倍。

(2)混凝土抗压强度试件应同龄期者为一组,每组为3个同条件制作和养护的混凝土试块。

2.11.4 试验步骤

(1)圆柱试件在试验前,务必进行端面整平。

(2)在破型前,保持试件原有湿度,在试验时擦干试件。测量其尺寸及外观。首先测量沿试件高度中央部位相互垂直的两个方向的直径,分别记为 d_1,d_2。再分别测量相互垂直两个方向直径端点的四个高度。

(3)将试件置于上下压板之间,试件中心应与压力机几何对中。

(4)强度等级小于C30的混凝土取0.3~0.5MPa/s的加荷速度;强度等级大于或等于C30,小于C60时,则取0.5~0.8MPa/s的加荷速度;强度等级大于或等于C60的混凝土取0.8~1.0MPa/s的加荷速度。当试件接近破坏而开始迅速变形时,应停止调整试验机油门,直至试件破坏,记下破坏极限荷载 $F(N)$。

2.11.5 试验结果计算

(1)计算公式

①圆柱体试件抗压强度按式(T0554-1)计算。

$$f_{cc} = \frac{4F}{\pi d^2} \quad (T0554\text{-}1)$$

式中：f_{cc}——混凝土圆柱体抗压强度，MPa；
　　　F——极限荷载，N；
　　　d——试件计算直径，mm。

其中 d 按式(T0554-2)计算。

$$d = \frac{d_1 + d_2}{2} \quad (T0554\text{-}2)$$

式中：d_1，d_2——分别为两个垂直方向的直径，mm，精确至 0.1mm。

以 3 个试件测值的算术平均值为测定值，计算精确至 0.1MPa。

②混凝土强度等级小于 C60 时，非标准试件的抗压强度应乘以尺寸换算系数，见表 T0554-1，并应在报告中注明。当混凝土强度等级大于等于 C60 时，宜用标准试件，使用非标准试件时，换算系数由试验确定。

圆柱体抗压尺寸换算系数 表 T0554-1

试件尺寸(mm)	尺寸换算系数	试件尺寸(mm)	尺寸换算系数
$\phi 100 \times 200$	0.95	$\phi 200 \times 400$	1.05

③对于现场采取的非标准芯样，有如下修正：
对于长径比不为 2 的试件，按表 T0554-2 修正。

抗压强度尺寸修正系数　　　　表 T0554-2

长度比直径比，L/d	修 正 系 数	说　　明
2.00	1.00	当 L/d 为表列中间值,修正系数可用插入法求得
1.75	0.98	
1.50	0.96	
1.25	0.93	
1.00	0.87	

（2）精确度与允许误差

三个测值中的最大值或最小值中若有一个与中间值之差超过中间值的 15%，则取中间值为测定值；若最大值和最小值与中间值之差均超过中间值的 15%，则该组试验结果无效。

2.11.6　试验记录

水泥混凝土圆柱体轴心抗压强度试验记录示例见表 T0554-3。

2.11.7　试验规程及评定依据

（1）《公路工程水泥及水泥混凝土试验规程》（JTG E30—2005）。

（2）《公路桥涵施工技术规范》（JTG/T F50—2011）。

2 水泥混凝土试验

水泥混凝土路面钻孔取芯及强度试验原始记录表

表 T0554-3

工程名称：_____ 合同号：_____ 编号：_____

施工路段									
试验规程及方法	T 0554—2005			环境条件	温度 ℃		湿度 %		
样品描述	表面无蜂窝麻面			试验设备及编号	压力试验机				
试件制作方法：取芯				试验日期	2011年5月15日				
				芯样养护方法：					

试件编号	取芯位置	外观检查		芯样尺寸			劈裂抗拉试验		抗压试验	
		集料均匀性	密实性	平均厚度（mm）	平均尺寸（mm）		极限荷载（kN）	试件尺寸（mm）		极限荷载（kN）
1		均匀	密实	100	100		/	100		208.9
2		均匀	密实	100	100		/	100		209.7
3		均匀	密实	100	100		/	100		212.3

备注：

复核/旁站： 记录： 试验：

2.11.8 注意事项

（1）试验前必须检查所用的仪器设备，确保设备功能正常。

（2）标准立方体试件 150mm×150mm×150mm 的抗压强度一般比标准圆柱体试件 ϕ150mm×300mm 的抗压强度要高，约为 1.25 倍。

2.12 回弹法检测混凝土抗压强度试验（参照 JGJ/T23—2011 执行）

2.12.1 目的与适用范围

（1）为统一使用回弹仪检测普通混凝土抗压强度的方法，保证检测精度，制定本规程。

（2）本规程适用于工程结构普通混凝土抗压强度的检测。当对结构的混凝土强度有检测要求时，可按本规程进行检测，检测结果可作为处理混凝土质量问题的一个依据。本规程不适用于表层与内部质量有明显差异或内部存在缺陷的混凝土结构或构件的检测。

2.12.2 主要的试验仪具与设备

1）回弹仪：标准能量应为 2.207J。

（1）回弹仪的技术要求

①检测回弹值的仪器，可为数字式的，可为指针直读式的。

②回弹仪必须具有制造厂得产品合格证及检定单位的检定合格证,并应在回弹仪的明显位置上具有下列标志:名称、型号、制造厂名(或商标)、出厂编号等。

③回弹仪应符合下列标准状态的要求:

a. 水平弹击时,弹击锤脱钩的瞬间,回弹仪的标准能量应为2.207J;

b. 弹击锤与弹击杆碰撞的瞬间,弹击拉簧应处于自由状态,此时弹击锤起跳点应相应于指针指示刻度尺上"0"处;

c. 在洛式硬度HRC为60±2的刚钻上,回弹仪的率定值应为80±2。

d. 数字式回弹仪应带有指针直读式值系统;数字显示的回弹值与指针直读示值相差不超过1。

④回弹仪使用时的环境温度应为-4~40℃。

(2)检定

①回弹仪检定周期为半年,当回弹仪具有下列情况之一时,应由法定计量机构按现行标准《混凝土回弹仪》(JJG 817)进行检定:

a. 新回弹仪启用前;

b. 超过检定有效期限(有效期为半年);

c. 数字式回弹仪应带有指针直读式值系统;数字显示的回弹值与指针直读示值相差大于1;

d. 经保养后,在钢钻上的率定值不合格;

e. 遭受严重撞击或其他损害。

②回弹仪的率定试验应符合下列规定：

a. 率定试验应在室温为 5～35℃ 的条件下进行；

b. 刚钻表面应干燥、清洁，并应稳固地平放在刚度大的物体上；

c. 回弹值应取连续向下弹击三次的稳定回弹结果的平均值；

d. 率定试验应分为四个方向进行，且每个方向弹击前弹击杆应分四次旋转，每次旋转宜为 90°。弹击杆每旋转一次的率定平均值应为 80 ± 2。

③回弹仪率定试验所用的钢砧应每 2 年送授权计量检定机构检定或校准。

（3）保养

①回弹仪具有下列情况之一时应进行常规保养：

a. 弹击超过 2000 次；

b. 对检测值有怀疑时；

c. 在钢钻上率定值不合格。

③回弹仪的保养应按下列步骤进行：

a. 先将弹击脱钩，取出机芯，然后卸下弹击杆，取出里面的缓冲压簧，并取出弹击锤、弹击拉簧和拉簧座；

b. 清洁机芯各零部件，并应重点清理中心导杆、弹击锤和弹击杆的内孔及冲击面。清洗后，应在中心导杆上薄薄涂抹钟表油，其他零部件均不得抹油；

c. 清理机壳内壁，卸下刻度尺，并应检查指针，其摩擦力应为 $0.5 \sim 0.8N$；

d. 对于数字式回弹仪,还应按产品要求的维护程序进行维护;

e. 保养时,不得旋转尾盖上已定位紧固的调零螺丝,不得自制或更换零部件;

f. 保养后应按本规程的要求进行率定试验。

③回弹仪使用完毕,应使弹击杆伸出机壳,并应清除弹击杆、杆前端球面以及刻度尺表面和外壳上的污垢、尘土。回弹仪不用时,应将弹击杆压入仪器内,经弹击后方可按下按钮,锁住机芯,然后装入仪器箱。仪器箱应平放在干燥阴凉处。当数字式回弹仪长期不用时,应取出电池。

2) 辅助工具:碳化深度仪、钢砧、簪子、洗耳球、毛刷等。

| 回弹仪 | 钢砧 | 碳化深度仪 |
| 图 JGJ/T23-1 | 图 JGJ/T23-2 | 图 JGJ/T23-3 |

2.12.3 检测技术

(1)一般规定

①采用回弹法检测混凝土强度时,宜具有下列资料:

a. 工程名称、设计单位、施工单位;

b. 结构名称、数量及混凝土类型、强度等级；

c. 水泥安全性，外加剂、掺和料品种，混凝土配合比等；

d. 施工模板，混凝土浇筑、养护情况及成型日期等；

e. 必要的设计图纸和施工记录；

f. 检测原因。

②回弹仪在检测前后，均应在钢砧上做率定试验，并符合本规程回弹仪率定试验的规定。

③混凝土强度可按单个结构或批量进行检测，并应符合下列规定：

a. 单个构件的检测应符合本规程 3.1.3 条的规定；

b. 对于混凝土生产工艺、强度等级相同，原材料、配合比、养护条件基本一致且龄期相近的一批同类构件的检测应采用批量检测。按批进行检测的构件时，应随机抽取构件，抽检数量不得少于同批构件总数的 30% 且不宜少于 10 件。当检验批构件数量大于 30 个时，抽样构件数量可适当调整，并不得少于国家现行有关标准规定的最少抽样数量。

④单个构件的检测应符合下列规定：

a. 对于一般构件，测区数不宜少于 10 个。当受检构件数量大于 30 个且不需提供单个构件推定强度或受检构件某一方向尺寸不大于 4.5mm 且另一方向尺寸大于 0.3m 的，每个构件的测区数量可适当减少，但不应少于 5 个；

b. 相邻两测区的间距不大于 2m，测区离构件端部或施工缝边缘的距离不宜大于 0.5m，且不宜小于 0.2m；

c. 测区宜选在能使回弹仪处于水平方向的混凝土浇筑

侧面。当不能满足这一要求时,也可选在使回弹仪处于非水平方向检测混凝土浇筑表面或底面;

d. 测区宜布置在构件的两个对称可测面上,当不能布置在对称的可测面上时,也可以布置在同一个可测面上,且应均匀分布。在构件的重要部位及薄弱部位应布置测区,并应避开预埋件;

e. 测区的面积不宜大于 $0.04m^2$;

f. 测区表面应为混凝土原浆面,并应清洁、平整,不应有疏松层、浮浆、油垢、涂层以及蜂窝、麻面。

g. 对于弹击时产生颤动的薄壁、小型构件,应进行固定。

⑤测区应标有清晰的编号,并宜记录纸上绘制测区布置示意图和描述外观质量情况。

⑥当检测条件与测强曲线的适用条件有较大差异时,可采用在构件上钻取混凝土芯样或同条件试块对测区混凝土强度换算值进行修正,同一强度等级混凝土修正时,芯样数量不应少于6个,公称直径宜为100mm,高径比应为1。芯样应在测区内钻取,每个芯样应只加工一个试件。同条件试块修正时,试块数量不应少于6个,试块边长应为150mm。计算时,测区混凝土强度修正量及测区混凝土换算值的修正应符合相关规定。

2.12.4 回弹值测量

(1)测量回弹值时,回弹仪的轴线应始终垂直于混凝土检测面,并应缓慢施压、准确读数、快速复位。

（2）每一测区应记取 16 个回弹值，每一测点的回弹值读数估读至 1。测点宜在测区范围内均匀分布，相邻两侧点的净距不宜小于 20mm；测点距外露钢筋、预埋件的距离不宜小于 30mm；测点不应在气孔或外露石子上，同一测点应只弹击一次。

2.12.5 碳化深度值测量

（1）回弹值测量完毕后，应在有代表性的位置上测量碳化深度值，测点数不少于构件测区数的 30%，应取其平均值为该构件每个测区的碳化深度值。当碳化深度值极差大于 2.0mm 时，应在每一测区测量碳化深度值。

（2）碳化深度值测量，可采用适当的工具在测区表面形成直径约 15mm 的孔洞，其深度应大于混凝土的碳化深度；应清除孔洞中的粉末和碎屑，且不得用水擦洗；应采用浓度为 1%～2% 的酚酞酒精溶液滴在孔洞内壁的边缘处，当已碳化与未碳化界限清晰时，应采用碳化深度测量仪测量已碳化与未碳化混凝土交界面到混凝土表面的垂直距离，并应测量 3 次，每次读数精确至 0.25mm；应取三次测量的平均值作为检测结果，并应精确至 0.5mm。

（3）检测泵送混凝土强度时，测区应选在混凝土浇筑侧面。

2.12.6 数据处理

1）回弹值计算

(1)计算测区平均回弹值时,应从该测区的16个回弹值中剔除3个最大值和三个最小值,其余的10个回弹值应按下式计算:

$$R_m = \frac{\sum_{i=1}^{10} R_i}{10} \quad \text{(JGJ/T23-1)}$$

式中:R_m——测区平均回弹值,精确至0.1;

R_i——第i个测点的回弹值。

(2)非水平方向检测混凝土浇筑侧面时,测区的平均回弹值应按下式修正:

$$R_m = R_{m\alpha} + R_{a\alpha} \quad \text{(JGJ/T23-2)}$$

式中:$R_{m\alpha}$——非水平状态检测测区的平均回弹值,精确至0.1;

$R_{a\alpha}$——非水平状态检测时回弹值修正值。

(3)水平方向检测混凝土浇筑表面或浇注底面时,测区的平均回弹值应按下式修正:

$$R_m = R_m^t + R_a^t \quad \text{(JGJ/T23-3)}$$

$$R_m = R_m^b + R_a^b \quad \text{(JGJ/T23-4)}$$

式中:R_m^t、R_m^b——水平方向检测混凝土浇筑表面、底面时,测区的平均回弹值,精确至0.1;

R_a^t、R_a^b——混凝土浇筑表面、底面时回弹值的修正值。

(4)当回弹仪为非水平方向且测试面为混凝土的非浇筑侧面时,应先对回弹值进行角度修正,并应对修正后的回弹值进行浇筑面修正。

2)测强曲线

(1)一般规定

①混凝土强度换算值可采用以下三类测强曲线计算:

a. 统一测强曲线:有全国有代表性的材料、成型养护工艺配制的混凝土试件,通过实验所建立的曲线;

b. 地区测强曲线:由本地区常用的材料、成型工艺配制的混凝土试件,通过试验所建立的测强曲线;

c. 专用测强曲线:由与结构或构件混凝土相同的材料、成型养护工艺配制的混凝土试件,通过试验所建立的测强曲线。

②有条件的地区和部门,应制定本地区的测强曲线或专用测强曲线。检测单位宜按专用测强曲线、地区测强曲线、统一测强曲线的次序选用测强曲线。

(2)统一测强曲线

①符合下列条件的混凝土应采用本规程(JGJ/T23—2011)附录A进行测区混凝土强度换算:

a. 混凝土采用的水泥、砂石、外加剂、掺和料、拌合用水符合国家现行有关标准;

b. 采用普通成型工艺;

c. 采用符合国家标准规定的模板;

d. 蒸气养护出池经自然养护7d以上,且混凝土表层为干燥状态;

e. 自然养护且龄期为(14~1000)d;

f. 抗压强度为(10~60)MPa。

②符合本规程规定的泵送混凝土,测区强度可按本规程(JGJ/T23—2011)附录B的曲线方程计算或按本规程附录B的规定进行强度换算。

③测区混凝土强度换算表所依据的统一测强曲线,其强度误差值应符合下列规定:

a. 平均相对误差(δ)不应大于±15.0%;

b. 相对标准差(e_r)不应大于18.0%。

④当有下列情况之一时,测区混凝土强度值不得按本规程(JGJ/T23—2011)附录A换算或附录B进行强度换算:

a. 非泵送混凝土粗集料最大公称粒径大于60mm泵送混凝土粗集料最大公称粒径大于31.5mm;

b. 特种成型工艺制作的混凝土;

c. 检测部位曲率半径小于250mm;

d. 潮湿或浸水混凝土。

(3)地区和专用测强曲线

①地区和专用测强曲线的强度误差值应符合下列规定:

a. 地区测强曲线:平均相对误差(δ)不应大于±14.0%;

相对标准差(e_r)不应大于17.0%;

b. 专用测强曲线:平均相对误差(δ)不应大于±12.0%;

相对标准差(e_r)不应大于14.0%;

c. 平均相对误差(δ)和相对标准差(e_r)的计算应符合本规程附录E的规定。

②地区和专用测强曲线应按本规程(JGJ/T23—2011)附录 E 的方法制定。使用地区或专用测强曲线时,被检测的混凝土应与制定该类测强曲线混凝土的适应条件相同,不得超出该类测强曲线的适用范围,并应每半年抽取一定数量的同条件试件进行校核,当存在显著差异时,应查找原因,不得继续使用。

2.12.7 混凝土强度的计算

1)构件第 i 个测区混凝土强度换算值,可按 5.0.1 所求得的平均回弹值(R_m)及按本规程第 4.2 条所求得的平均碳化深度值(d_m)由本规程附录 A、附录 B 查表或计算得出。当有地区或专用测强曲线时,混凝土强度的换算值宜按地区或专用测强曲线计算或查表得出。

(1)构件的测区混凝土强度平均值应根据各测区的混凝土强度换算值计算。当测区数为 10 个及以上时,还应计算强度标准差。平均值及标准差应按下列公式计算:

$$mf_{cu}^c = \frac{\sum_{i=1}^{n} f_{cu,i}^c}{n} \quad (\text{JGJ/T23-5})$$

$$sf_{cu}^c = \sqrt{\frac{\sum_{i=1}^{n} (f_{cu,i}^c)^2 - n(mf_{cu}^c)^2}{n-1}} \quad (\text{JGJ/T23-6})$$

式中:mf_{cu}^c——结构或构件测区混凝土强度换算的平均值值(MPa),精确到 0.1MPa;

n——对于单个检测的构件,取一个构件的检测;

对批量检测的构件,取被抽检构件测区数之和;

sf_{cu}^c——结构或构件测区混凝土强度换算值的标准差(MPa),精确至0.01MPa。

(2)构件的现龄期混凝土强度推定值($f_{cu,e}$)应符合下列规定:

a. 当构件测区数少于10个时,应按下式计算:

$$f_{cu,e} = f_{cu,min}^c \quad (JGJ/T23-7)$$

式中:$f_{cu,min}^c$——构件中最小的测区混凝土强度换算值。

b. 当构件的测区强度值中出现小于10.0MPa时,应按下式计算:

$$f_{cu,e} < 10.0 \text{MPa} \quad (JGJ/T23-8)$$

c. 当该构件测区数不少于10个时,应按下式计算:

$$f_{cu,e} = mf_{cu}^c - 1.645 Sf_{cu}^c \quad (JGJ/T23-9)$$

d. 当批量检测时,应按下式计算:

$$f_{cu,e} = mf_{cu}^c - kSf_{cu}^c \quad (JGJ/T23-10)$$

式中:k——推定系数,宜取1.645.当需要进行推定强度区间时,可按国家现行有关标准的规定取值。

(3)对按批量检测的构件,当该批构件混凝土强度标准差出现下列情况之一时,该构件应全部按单个构件检测:

a. 当该批构件混凝土强度平均值小于25MPa、Sf_{cu}^c大于4.5MPa;

b. 当该批构件混凝土强度平均值不小于25MPa且不

大于60MPa、Sf_{cu}^e大于5.5MPa。

2.12.8 试验结果整理

试验记录示例见表JGJ/T23-1和表JGJ/T23-2。

混凝土强度(回弹法)检测记录表　　　表JGJ/T23-1

测区编号	回弹值(R_i)																	碳化深度 d_i(mm)
	1	2	3	4	5	6	7	8	9	10	11	12	13	14	15	16	Rm	
1	46	48	43	46	45	42	45	40	45	47	47	45	48	46	46	40	45.4	1.00
2	47	49	43	45	43	48	45	44	47	43	46	44	44	45	46	44	45.0	1.00
3	43	43	45	43	46	47	48	48	47	46	43	44	45	46	42	45	45.2	1.00
4	52	46	46	48	50	47	51	49	47	48	46	47	43	48	46	50	47.6	
5	46	46	48	46	45	49	45	44	46	48	44	46	46.0					
6	46	50	46	47	47	47	44	46	47	48	46	46	46.2					
7	44	50	44	50	41	49	42	46	47	52	46	48	46	45	48		46.5	
8	44	50	44	46	47	46	44	47	48	50	49	48	47	44			47.0	
9	44	44	45	50	46	44	52	47	44	47	46	48	50	47			45.5	
10	47	44	45	47	48	46	46	49	47	47	45	44	42	46	48		46.1	
侧面状态及角度	侧面		表面		底面		干	潮湿		光洁		粗糙	+90	+60	+45	+30	0	-30	-45	-60	-90

回弹法检测混凝土强度计算表　　　表JGJ/T23-2

项目		测区号									
		1	2	3	4	5	6	7	8	9	10
回弹值	测区平均值	45.4	45.0	45.2	47.6	46.0	46.2	46.5	47.0	45.5	46.1
	角度修正值	0	0	0	0	0	0	0	0	0	0
	角度修正后	45.4	45.0	45.2	47.6	46.0	46.2	46.5	47.0	45.5	46.1
	浇筑面修正值	0	0	0	0	0	0	0	0	0	0
	浇筑面修正后	45.4	45.0	45.2	47.6	46.0	46.2	46.5	47.0	45.5	46.1

续上表

项 目	测 区 号									
	1	2	3	4	5	6	7	8	9	10
碳化深度值（mm）	1.00	1.00	1.00	1.00	1.00	1.00	1.00	1.00	1.00	1.00
泵送混凝土强度换算值（MPa）	/	/	/	/	/	/	/	/	/	/
测区强度值（MPa）	49.4	48.5	48.9	54.3	50.6	51.1	51.8	52.9	49.6	50.8
强度计算（MPa）	平均值（MPa）		标准差（MPa）		变异系数（%）		最小值（MPa）		代表值（MPa）	
$N=10$ $K=1.645$	50.8		1.83		3.6		48.5		47.8	
强度平均值（MPa）	47.8									
使用测区强度换算表名称	规程		√	地区		专用		备注		
结论：	强度代表值满足设计值 C40 混凝土强度要求									

2.12.9 试验规程及判定依据

（1）《回弹法检测混凝土抗压强度技术规程》（JGJ/T23—2011）。

（2）工程设计文件相关要求。

2.12.10 注意事项

（1）回弹仪的检定周期为半年。

（2）回弹仪每次使用之前必须进行率定和保养。

（3）回弹仪使用时要轻拿轻放。